Los sentidos

T0136566

Lisa Greathouse

Asesora

Gina Montefusco, enfermera matriculada
Hospital de Niños Los Ángeles
Los Ángeles, California

Créditos

Dona Herweck Rice, *Gerente de redacción*; Lee Aucoin, *Directora creativa*; Don Tran, *Gerente de diseño y producción;* Timothy J. Bradley, *Gerente de ilustraciones*; Conni Medina, M.A.Ed., *Directora editorial*; Katie Das, *Editora asociada*; Neri Garcia, *Diseñador principal*; Stephanie Reid, *Editora fotográfica;* Rachelle Cracchiolo, M.S.Ed., *Editora comercial*

Créditos fotográficos

portada Ugurbariskan/iStockphoto; p. 1 Ugurbariskan/iStockphoto; p. 4 Kokhanchikov/Shutterstock (arriba), Torsten Schon/Shutterstock (abajo); p. 5 Torsten Schon/Shutterstock (izquierda), Avava/Shutterstock (derecha); p. 6 Hydromet/Shutterstock; p. 7 Blacqbook/Shutterstock; p. 8 Stephanie Reid; p. 9 Stephanie Reid/Kapu/Shutterstock (arriba), Alexander Hafemann/iStockphoto (abajo); p. 10 Margouillat Photo/Shutterstock (izquierda), svlumagraphica/Dreamstime (derecha); p. 11 Gelpi/Shutterstock; p. 12 Andreus/Dreamstime; p. 13 DougSchneiderPhoto/iStockphoto; p. 14 3445128471/Shutterstock; p. 15 Russell Athon/Dreamstime (arriba), Tina Rencelj/Shutterstock (abajo); p. 16 ImageDJ/Jupiter Image; p. 17 Titov Andriy /Shutterstock; p. 18 Shelly Perry/iStockphoto (izquierda), Citi Jo/Shutterstock (derecha); p. 19 Redfrisbee/Shutterstock (arriba); Konovalikov Andrey/Shutterstock (abajo izquierda), apdesign/Shutterstock (abajo centro), Marino/Shutterstock (abajo derecha); p. 20 Jean Schweitzer/iStockphoto; p. 21 Melanie DeFazio/Shutterstock (arriba), Ivvv1975/Shutterstock (abajo); p. 22 Fuyu Liu/Shutterstock (izquierda), Shariffc/Dreamstime (centro), Vasily Smirnov/Shutterstock (derecha); p. 23 Andrea Gingerich/iStockphoto (arriba), Tatik22/Shutterstock (izquierda), mrsnstudio/Shutterstock (centro izquierda), Brocorwin/Shutterstock (centro derecha), Serg64/Shutterstock (derecha); p. 24 Elena Stepanova/Shutterstock (izquierda), Kacso Sandor/Shutterstock (derecha); p. 25 Dmitriyd/Shutterstock; p. 26 Maska82/Dreamstime (izquierda), Ugurbariskan/iStockphoto (derecha); p. 27 Bryngelzon/iStockphoto (arriba), Kim Gunkel/iStockphoto (abajo); p. 28 Rocket400 Studio/Shutterstock; p. 29 Ana Clark; p. 32 Drs. Jean Bennett and Al Maguire

Teacher Created Materials

5301 Oceanus Drive
Huntington Beach, CA 92649-1030
http://www.tcmpub.com

ISBN 978-1-4333-2602-8
©2011 Teacher Created Materials, Inc.

Tabla de contenido

Los cinco sentidos

Los seres humanos tenemos cinco sentidos. Podemos ver. Podemos oír. Podemos oler. Podemos sentir el gusto. Podemos sentir los objetos que tocamos.

gusto

tacto

oíd

olfato

vista

¿De qué color es el cielo? Azul, ¡por supuesto! Lo sabemos porque podemos verlo con los ojos.

Aprendemos muchas cosas al usar los ojos.

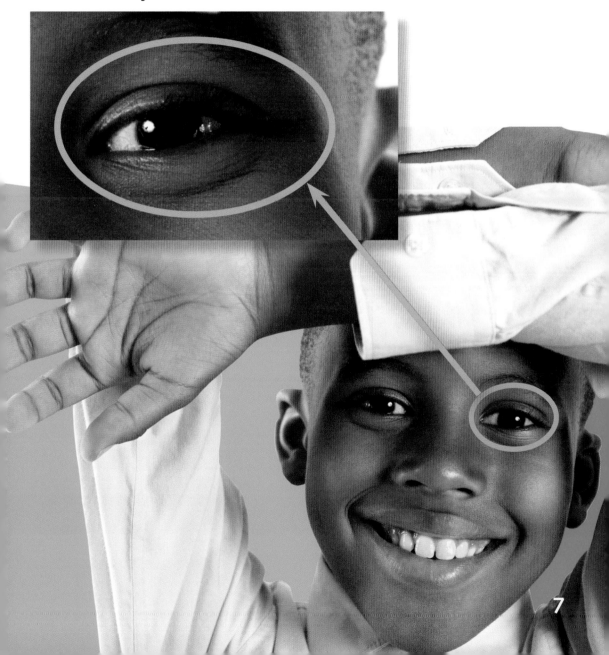

Los ojos funcionan como una cámara fotográfica. Toman pequeñas fotografías. ¡Ven los objetos al revés!

cómo ven los ojos

Luego se envía un mensaje al cerebro.
El cerebro te indica qué ves. ¡El cerebro
invierte la imagen!

Llorar no está mal

Las lágrimas limpian
los ojos, incluso cuando
parpadeas.

¿Cómo suena una **sirena**? ¿Y el ladrido de un perro?

Los sonidos viajan por el aire en forma de **ondas**. Las ondas sonoras entran a tus oídos. Pueden alertarte en caso de peligro.

En el interior del oído, los sonidos golpean el **tímpano**.

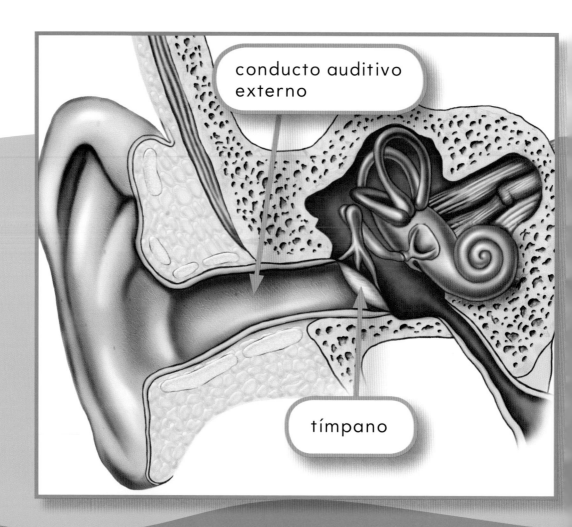

Los **nervios** auditivos envían un mensaje al cerebro. El cerebro te indica qué es lo que oyes.

Dato curioso

La **cera** ayuda a proteger los oídos y a mantenerlos limpios.

¿Alguna vez oliste un huevo podrido? ¡Es apestoso!

¿Y unas galletas horneándose? Mmm. ¡Huelen deliciosas!

¿Cómo distingues entre los dos olores? ¡La nariz te lo indica!

Los perros usan la nariz todo el tiempo.

Cuando respiras, el aire entra a la nariz por las fosas nasales.

fosa nasal

Hay nervios dentro de tu nariz que envían mensajes al cerebro. El cerebro te indica qué hueles.

¿Cómo te sientes al acariciar un gatito?
¿Y al tocar una estufa caliente?

El sentido del tacto te enseña muchas cosas sobre el mundo.

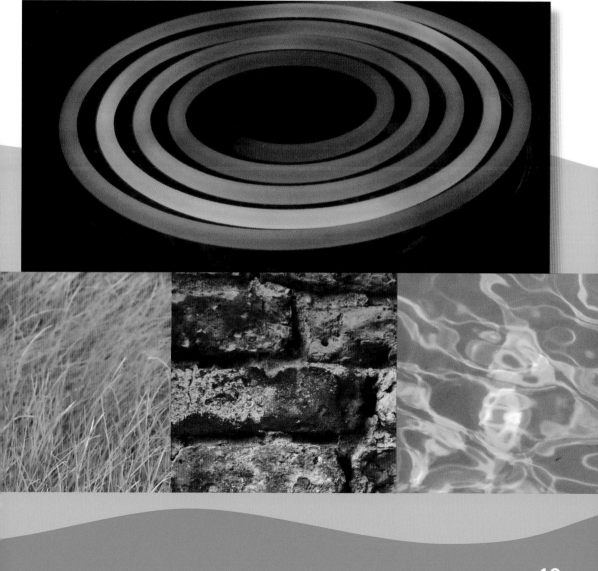

Usas la piel para tocar. Los nervios envían mensajes al cerebro.

El cerebro te indica qué es lo que estás tocando. ¿Es suave o terso? ¿Está caliente o frío? ¿Es pegajoso o seco?

Dato curioso

Las **huellas digitales** son las líneas pequeñas que están en la punta de los dedos. ¡No existen dos personas con las mismas huellas digitales!

Puedes sentir el gusto con la lengua. Mmm, esa paleta es deliciosa. ¡Ay! ¡Ese pimiento es picante!

¡La vida sería aburrida sin el sentido del gusto!

La lengua está llena de pequeñas protuberancias. Se llaman **papilas gustativas**.

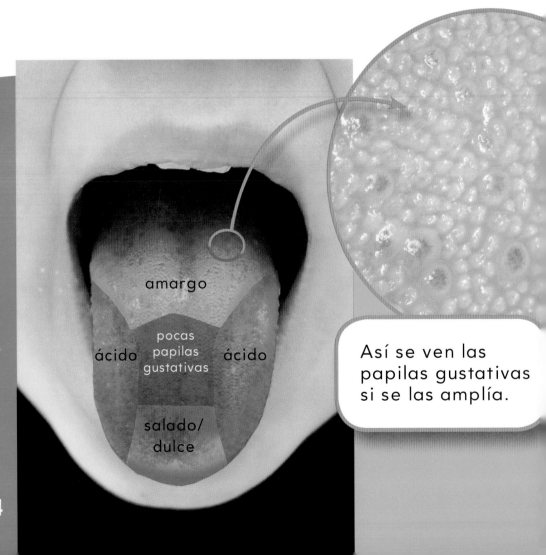

amargo

ácido   pocas papilas gustativas   ácido

salado/ dulce

Así se ven las papilas gustativas si se las amplía.

Las papilas gustativas pueden reconocer cuatro gustos. Los gustos son dulce, ácido, amargo y salado. Sientes los gustos con distintas partes de la lengua.

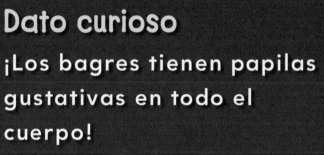

Dato curioso

¡Los bagres tienen papilas gustativas en todo el cuerpo!

Conoce tu mundo

¿Cómo sería la vida si no tuvieras los sentidos? ¿Qué pasaría si no pudieras disfrutar de la música? ¿Y del gusto de una manzana?

Los sentidos te ayudan a conocer el mundo que te rodea. ¡También te ayudan a disfrutarlo!

Laboratorio de ciencias: La caja inteligente

¿Qué hay dentro de la caja?
¿Cómo puedes saberlo si no lo ves?

Materiales:

- una caja con un agujero en un costado para introducir la mano

- seis objetos con diferentes texturas, como una cuchara, un calcetín, un pompón de algodón, un cubo, un sujetapapeles y una manzana

- un guante de látex

Procedimiento:

1 Pídele a alguien que busque objetos y los coloque en la caja. ¡No espíes!

2 Colócate el guante e introduce la mano por el agujero. Palpa los objetos y trata de adivinar qué hay en la caja.

❸ Ahora inténtalo nuevamente sin el guante.

❹ Abre la caja para ver qué hay en el interior.

❺ Piensa: ¿Por qué te resultó más difícil reconocer lo que había en la caja cuando no pudiste usar el sentido del tacto? ¿Qué otros sentidos podrías haber utilizado para darte cuenta de lo que había en la caja?

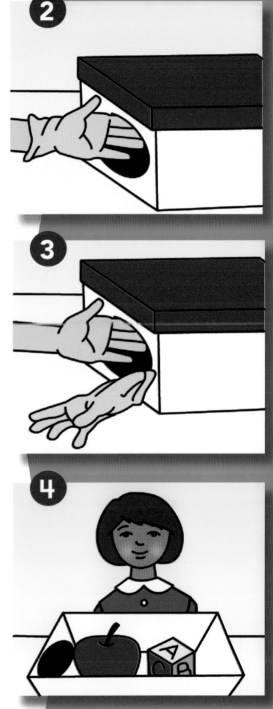

Glosario

cera—una sustancia pegajosa que atrapa el polvo dentro de los oídos

huellas digitales—las líneas de la punta de los dedos

nervios—las células que unen distintas partes del cuerpo con el cerebro

ondas—series de movimientos que viajan por el aire

papilas gustativas—los sensores de la lengua que nos permiten sentir el gusto

sirena—una señal de alarma

tímpano—un trozo delgado de piel tirante como un tambor que está dentro del oído

Índice

Científicos actuales

La Dra. Jean Bennett y el Dr. Al Maguire son científicos. Además, están casados. Trabajan para ayudar a los ciegos a recuperar la vista.